超訳《ちょうやく》！

こども名著塾《めいちょじゅく》 3

あの古典《こてん》のことばがよくわかる！

〈パンセ〉パスカル

〈幸福論《こうふくろん》〉アラン

日本図書センター

はじめに

世界《せかい》にはたくさんの本《ほん》があります。そのなかでも、とくに多《おお》くの人《ひと》に読《よ》まれ、国《くに》や時代《じだい》をこえて、現在《げんざい》でも多《おお》くの人々《ひとびと》のこころをはげまし続《つづ》けている本《ほん》があります。このような本《ほん》を「名著《めいちょ》」といいます。名著《めいちょ》は、いってみれば世界《せかい》の人々《ひとびと》にとって共通《きょうつう》の財産《ざいさん》のようなものです。

わたしたちも、そんな名著《めいちょ》のことばから、生《い》きるためのヒントや勇気《ゆうき》をたくさんもらいました。そして考《かんが》えました。「そのなかには、いつか世《よ》の中《なか》に出《で》て行《い》くみなさんに役立《やくだ》つことばもきっとあるはず！」―この『超訳《ちょうやく》！ こども名著塾《めいちょじゅく》』は、そんな思《おも》いでつくった本《ほん》です。

ここにおさめた10の名著《めいちょ》は、日本《にほん》と世界《せかい》のたくさんの名著《めいちょ》から、みなさんにとくに知《し》ってもらいたいものを選《えら》んでいます。そして、それらの名著《めいちょ》から全部《ぜんぶ》で100のことばを選《えら》び、わかりやすい「超訳《ちょうやく》」で紹介《しょうかい》しています。

落《お》ち込《こ》んでいるとき、悩《なや》んでいるとき、新《あたら》しい世界《せかい》に踏《ふ》み出《だ》そうとしているとき……。みなさんが人生《じんせい》で出会《であ》うさまざまな場面《ばめん》で、この本《ほん》から、こころを前向《まえむ》きにしてくれることばを見《み》つけてくれたらと願《ねが》っています。

「超訳《ちょうやく》！ こども名著塾《めいちょじゅく》」編集委員会《へんしゅういいんかい》

この本《ほん》の読《よ》み方《かた》

『パンセ』と『幸福論《こうふくろん》』には、さまざまな場面《ばめん》で、きみがどのように考《かんが》え、どのように行動《こうどう》すべきかのヒントが、たくさんつまっているよ。ぜひくり返《かえ》し読《よ》んで、深《ふか》く考《かんが》えることのたいせつさや、幸《しあわ》せになる考《かんが》え方《かた》を学《まな》ぼう。

作者《さくしゃ》のアドバイス
きみにおぼえておいてほしいポイントだよ。

超訳《ちょうやく》
ことばをわかりやすく説明《せつめい》したよ。ユニークなイラストと一緒《いっしょ》なら、ことばの理解《りかい》が深《ふか》まるはず。

役立《やくだ》つ場面《ばめん》
紹介《しょうかい》することばが役立《やくだ》つきみの状況《じょうきょう》や気《き》もちを紹介《しょうかい》しているよ。

人《ひと》はなにを目指《めざ》して生《い》きるの？

幸《しあわ》せになりたいという強《つよ》い気《き》もち。いろいろな人《ひと》がいるけれど、これだけは一緒《いっしょ》。

人間《にんげん》はみな幸福《こうふく》になることを追《お》い求《もと》めている。

幸《しあわ》せになりたい
16
第1部　パンセ
幸《しあわ》せになりたい気《き》もちは同《おな》じ！

人間《にんげん》について深《ふか》く考《かんが》えたパスカルせんせい。そんなパスカルせんせいは、「人間《にんげん》はだれもが、自分《じぶん》が幸《しあわ》せになることを目指《めざ》している」といっているよ。

どんなことに幸《しあわ》せを感《かん》じるかは、人《ひと》それぞれちがう。家族《かぞく》と一緒《いっしょ》に過《す》ごす時間《じかん》をとても幸《しあわ》せだと感《かん》じる人《ひと》もいれば、趣味《しゅみ》に熱中《ねっちゅう》しているときが1番幸《ばんしあわ》せだという人《ひと》もいるよ。でも、みんな幸《しあわ》せになりたいという気《き》もちで生《い》きていることには、変《か》わりがないんだ。

きみには、自分《じぶん》と考《かんが》え方《かた》や行動《こうどう》がちがっていて、なんとなく苦手《にがて》に感《かん》じてしまう人《ひと》がいるかもしれない。でもその人《ひと》は、目指《めざ》している幸《しあわ》せや、幸《しあわ》せになろうとするやり方《かた》が、きみとちがうだけじゃないかな。その人《ひと》の幸《しあわ》せはどんなものなんだろう。

だれもが幸《しあわ》せを目指《めざ》して生《い》きている。そう思《おも》えば、みんな仲間《なかま》のような気《き》がしてくるよ。自分《じぶん》と合《あ》わない人《ひと》のことだって、よく理解《りかい》できるようになるんだ。

17

くわしい解説《かいせつ》
身近《みぢか》な出来事《できごと》などを例《れい》にしながら、ことばがどんなふうに役立《やくだ》つかを解説《かいせつ》しているよ。むずかしい場合《ばあい》はおとなの人《ひと》に聞《き》いてみよう。

日本語訳《にほんごやく》
もとの本《ほん》のことばの日本《にほん》語訳《ごやく》だよ。声《こえ》に出《だ》して読《よ》んでみよう。

もくじ

すぐに落《お》ち込《こ》んでしまう…… 22
些細《ささい》なことに苦《くる》しめられるからこそ、われわれは些細《ささい》なことに慰《なぐさ》められる。

まわりはつまらない人《ひと》ばかり…… 24
精神《せいしん》が豊《ゆた》かになればなるほど、独創的《どくそうてき》な人間《にんげん》がたくさんいることが分《わ》かる。

もっと知《し》りたい!! 科学者《かがくしゃ》パスカルの発明《はつめい》・発見《はっけん》 26

納得《なっとく》して行動《こうどう》するには? 28
私《わたし》たちはふつう、他人《たにん》が思《おも》いついた理由《りゆう》より、自分自身《じぶんじしん》で見出《みいだ》した理由《りゆう》によって納得《なっとく》する。

後悔《こうかい》ばかり・先《さき》が気《き》になる…… 30
われわれはほとんど現在《げんざい》のことを考《かんが》えない。

困難《こんなん》にどう向《む》き合《あ》えばいいの? 32
私《わたし》たちは、目《め》の前《まえ》に何《なに》か目隠《めかく》しを置《お》いて、断崖《だんがい》が見《み》えないようにしてから、平気《へいき》でそこに駆《か》け込《こ》んでいく。

成長《せいちょう》のヒントって? 34
……自分《じぶん》がみじめだと思《おも》うのはみじめなことだが、自分《じぶん》がみじめだと自覚《じかく》するのは偉大《いだい》なことだ。

人間《にんげん》の価値《かち》って? 36
人間《にんげん》は一本《いっぽん》の葦《あし》にすぎない。自然《しぜん》のうちで最《もっと》もか弱《よわ》いもの、しかしそれは考《かんが》える葦《あし》だ。

もっと教《おし》えて!! パスカルせんせい 38

第《だい》2部《ぶ》 幸福論《こうふくろん》

―幸《しあわ》せってなんだろう？

名著《めいちょ》ものがたり

第《だい》1部《ぶ》

パンセ

人間《にんげん》ってなんだろう?

パスカル

17世紀《せいき》のフランスで、パスカルは、
豊《ゆた》かで不自由《ふじゆう》のないくらしに満足《まんぞく》せず
人間《にんげん》とはなにかについて
深《ふか》く、するどく考《かんが》え続《つづ》けたよ。
その考《かんが》えは『パンセ』にまとめられたんだ。

きみも、パスカルせんせいから、
人間《にんげん》について深《ふか》く考《かんが》えることを
教《おし》えてもらおう！

『パンセ』ってどんな本《ほん》？

作者《さくしゃ》が死後《しご》に残《のこ》したメモを1冊《さつ》の本《ほん》にまとめたものだよ

『パンセ』は、いまから350年《ねん》ぐらい前《まえ》の1670年《ねん》に、フランスで出版《しゅっぱん》されたよ。作者《さくしゃ》はフランスの哲学者《てつがくしゃ》であるブレーズ・パスカル。哲《てつ》学《がく》とは、人間《にんげん》はどう生《い》きるべきかといった基本的《きほんてき》なことを深《ふか》く考《かんが》える学問《がくもん》。『パンセ』は、人間《にんげん》とはどのようなものかについて、とても深《ふか》く考《かんが》えて書《か》かれた本《ほん》なんだ。

パスカルの死後《しご》、1冊《さつ》の本《ほん》を書《か》くためのメモだったらしい、短《みじか》い文章《ぶんしょう》がたくさん発見《はっけん》された。『パンセ』はそれらをまとめたものなんだ。本人《ほんにん》が文章《ぶんしょう》をどう並《なら》べるつもりだったのかは、いくつかの説《せつ》がある。だから、その後《あと》に出版《しゅっぱん》された『パンセ』にもいくつかの種類《しゅるい》があるんだ。

人間《にんげん》について深《ふか》く考《かんが》えるためのヒントを与《あた》えてくれる本《ほん》だよ

パスカルはキリスト教《きょう》を熱心《ねっしん》に信《しん》じていたよ。『パンセ』にまとめられた文章《ぶんしょう》も、神《かみ》を信《しん》じない人々《ひとびと》に対《たい》して、キリスト教徒《きょうと》の立場《たちば》から反論《はんろん》したものだったと考《かんが》えられているんだ。

でもパスカルは、科学者《かがくしゃ》としても、数学《すうがく》や物理《ぶつり》学《がく》で天才的《てんさいてき》な才能《さいのう》を発揮《はっき》して、さまざまな発見《はっけん》をした人《ひと》。パスカルは、キリスト教《きょう》の立場《たちば》をこえて、科学者《かがくしゃ》としての目《め》でも人間《にんげん》を深《ふか》く観察《かんさつ》したんだ。そして、自分《じぶん》の力《ちから》で考《かんが》え抜《ぬ》いたするどい意《い》見《けん》を残《のこ》しているよ。

そのため『パンセ』は、キリスト教徒《きょうと》でない人《ひと》も、さまざまな角度《かくど》から、人間《にんげん》について深《ふか》く考《かんが》えるためのヒントがもらえる本《ほん》になっているんだ。

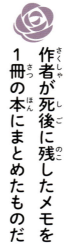

PENSÉES
DE
M. PASCAL
A PARIS,
人間《にんげん》とは…
神様《かみさま》とは…

『パスカル』ってどんな人《ひと》?

学校《がっこう》に行《い》かないで才能《さいのう》を伸《の》ばした天才《てんさい》だよ

『パンセ』の作者《さくしゃ》パスカルは、1623年《ねん》、フランス中部《ちゅうぶ》のクレルモンで生《う》まれたよ。父親《ちちおや》は税《ぜい》金《きん》に関《かん》する仕事《しごと》をする役人《やくにん》で、家庭《かてい》はとても豊《ゆた》かだったんだ。でもパスカルは小《ちい》さいころから体《からだ》が弱《よわ》く、おとなになっても苦労《くろう》することになるよ。

パスカルは、学校《がっこう》には通《かよ》わなかったけれど、物《ぶつ》理《り》や数学《すうがく》に深《ふか》い知識《ちしき》があった父親《ちちおや》から教育《きょういく》を受《う》けたため、少年《しょうねん》のころからとても優秀《ゆうしゅう》だった。12歳《さい》で、三角形《さんかくけい》の内角《ないかく》の和《わ》は180度《ど》であることを自分《じぶん》の力《ちから》で証明《しょうめい》し、16歳《さい》で、「円錐曲線試論《えんすいきょくせんしろん》」というむずかしい数学《すうがく》の論文《ろんぶん》を書《か》いたんだ。圧力《あつりょく》の伝《つた》わり方《かた》の法則《ほうそく》として有名《ゆうめい》な「パスカルの原《げん》理《り》」を発見《はっけん》したのは、30歳《さい》のときだよ。

天才的《てんさいてき》な科学者《かがくしゃ》から、やがて哲学者《てつがくしゃ》になったんだ

物理《ぶつり》や数学《すうがく》の分野《ぶんや》で天才《てんさい》ぶりを発揮《はっき》したパスカルは、23歳《さい》のときに一家《いっか》でキリスト教《きょう》の新《あたら》しい教説《きょうせつ》を熱心《ねっしん》に信《しん》じるようになったよ。

その後《ご》、豊《ゆた》かな人々《ひとびと》どうしが華《はな》やかに交流《こうりゅう》し合《あ》う社交界《しゃこうかい》に出入《でい》りしたこともあったけれど、こころが深《ふか》く満《み》たされることはなく、自分《じぶん》の生《い》き方《かた》に大《おお》きな迷《まよ》いが生《う》まれていったんだ。

やがて31歳《さい》のとき、神《かみ》の存在《そんざい》を信《しん》じさせる体験《たいけん》があったといっているよ。それがどんな体験《たいけん》だったのかはよくわからない。とにかく、それから人《にん》間《げん》をするどく観察《かんさつ》して、考《かんが》えるようになったんだ。こうして科学者《かがくしゃ》から哲学者《てつがくしゃ》になったパスカルは、1662年《ねん》、39歳《さい》の若《わか》さで亡《な》くなったよ。

『パスカル』が生《い》きた時代《じだい》

ヨーロッパの文化《ぶんか》の中心《ちゅうしん》としてフランスが輝《かがや》いた時代《じだい》だよ

17世紀《せいき》の前半《ぜんはん》、ドイツをはじめとしたヨーロッパの中央部《ちゅうおうぶ》では30年戦争《ねんせんそう》と呼《よ》ばれる長《なが》い戦争《せんそう》が続《つづ》き、社会《しゃかい》が混乱《こんらん》していたよ。いっぽうフランスでは、国王《こくおう》に権力《けんりょく》が集中《しゅうちゅう》するようになって、社会《しゃかい》は安定《あんてい》していったんだ。

ちょうどパスカルが生《う》まれたころ、フランスは、ヨーロッパで政治《せいじ》や文化《ぶんか》のお手本《てほん》になる国《くに》として栄《さか》えるようになっていたよ。

パスカルが亡《な》くなるころには、「太陽王《たいようおう》」とも呼《よ》ばれたルイ14世《せい》という王《おう》が、自《みずか》ら政治《せいじ》をおこなうようになったよ。ルイ14世《せい》がパリ近郊《きんこう》に建《た》てたベルサイユ宮殿《きゅうでん》は、その広大《こうだい》さときらびやかさで有名《ゆうめい》なんだ。とても華《はな》やかな時代《じだい》だったんだね。

上流階級《じょうりゅうかいきゅう》のサロンが文化《ぶんか》を発展《はってん》させたんだ

17世紀《せいき》のはじめごろから、フランスの社会《しゃかい》が豊《ゆた》かになるにつれて、裕福《ゆうふく》な上流階級《じょうりゅうかいきゅう》の人《ひと》たちはお互《たが》いの家《いえ》に集《あつ》まるようになったよ。そこでは学者《がくしゃ》や作家《さっか》を招《まね》いて、自由《じゆう》なおしゃべりや討論《とうろん》をたのしんでいたんだ。サロンと呼《よ》ばれるこうした集《あつ》まりは、新《あたら》しい発明《はつめい》や文《ぶん》学《がく》、考《かんが》え方《かた》を生《う》むきっかけになったよ。

科学《かがく》好《ず》きだったパスカルの父親《ちちおや》も、学者《がくしゃ》とつき合《あ》いがあったよ。だからパスカルの家《いえ》には、その時代《じだい》の一流《いちりゅう》の学者《がくしゃ》がよく訪《おとず》れていたんだ。パスカルは子《こ》どものころから、おとなにまじって討論《とうろん》に参加《さんか》したり、知識《ちしき》を吸収《きゅうしゅう》したりしていたから、才能《さいのう》を伸《の》ばすことができたんだね。

つぎのページからことばの紹介《しょうかい》がはじまるよ。

人《ひと》はなにを目指《めざ》して生《い》きるの？

幸《しあわ》せになりたいという
強《つよ》い気《き》もち。
いろいろな人《ひと》が
いるけれど、
これだけは一緒《いっしょ》。

人間《にんげん》はみな幸福《こうふく》になることを
追《お》い求《もと》めている。

幸《しあわ》せになりたい気《き》もちは同《おな》じ！

人間《にんげん》について深《ふか》く考《かんが》えたパスカルせんせい。そんなパスカルせんせいは、「人間《にんげん》はだれもが、自分《じぶん》が幸《しあわ》せになることを目指《めざ》している」といっているよ。

どんなことに幸《しあわ》せを感《かん》じるかは、人《ひと》それぞれちがう。家族《かぞく》と一緒《いっしょ》に過《す》ごす時間《じかん》をとても幸《しあわ》せだと感《かん》じる人《ひと》もいれば、趣味《しゅみ》に熱中《ねっちゅう》しているときが1番幸《ばんしあわ》せだという人《ひと》もいるよ。でも、みんな幸《しあわ》せになりたいという気《き》もちで生《い》きていることには、変《か》わりがないんだ。

きみには、自分《じぶん》と考《かんが》え方《かた》や行動《こうどう》がちがっていて、なんとなく苦手《にがて》に感《かん》じてしまう人《ひと》がいるかもしれない。でもその人《ひと》は、目指《めざ》している幸《しあわ》せや、幸《しあわ》せになろうとするやり方《かた》が、きみとちがうだけじゃないかな。その人《ひと》の幸《しあわ》せはどんなものなんだろう。

だれもが幸《しあわ》せを目指《めざ》して生《い》きている。そう思《おも》えば、みんな仲間《なかま》のような気《き》がしてくるよ。自分《じぶん》と合《あ》わない人《ひと》のことだって、よく理解《りかい》できるようになるんだ。

人《ひと》に認《みと》めてもらいたい！

「ほめられてうれしい」という気《き》もち。それに、ふりまわされてはいけないよ。

……私《わたし》たちのうぬぼれときたら、周囲《しゅうい》の五《ご》、六人《ろくにん》に評価《ひょうか》されるだけで、いい気《き》になって満足《まんぞく》するほど軽薄《けいはく》だ。

認《みと》められても満足《まんぞく》しないで！

　自分《じぶん》が努力《どりょく》したことが評価《ひょうか》されたり、ほめられたりしたら、とってもうれしいよね。でも、このことばは、そこに注意《ちゅうい》したほうがいいといっているよ。せっかく自分《じぶん》が努力《どりょく》したことでほめられたのに、なぜだろう。

　それは、ちょっとほめられただけで、人《ひと》は有頂天《うちょうてん》になったり、満足《まんぞく》したりしてしまいやすいものだから。そんな状態《じょうたい》は、さらに成長《せいちょう》しようとする努力《どりょく》を止《と》めてしまうことにつながるよ。パスカルせんせいは、人間《にんげん》のこころの弱《よわ》さをよく知《し》っていたんだね。

「人《ひと》から認《みと》めてもらいたい！」という気《き》もちは、努力《どりょく》するためのエネルギーになる、とてもたいせつなもの。だけど、ほめられたからといって満足《まんぞく》して終《お》わりにしてはダメだよ。ほめてくれた相手《あいて》に感謝《かんしゃ》して、さらに努力《どりょく》を続《つづ》けていこう！

　自分《じぶん》が成長《せいちょう》していくこと。それが、ほめてくれた人《ひと》へのほんとうのお礼《れい》になるんだ！

自分《じぶん》ばかりたいへんだ！

やることだらけも
たしかにつらい。
でも、やることが
なくなると、
もっとつらいよ。

人間《にんげん》の不幸《ふこう》は、ただ一《ひと》つのこと、
一《ひと》つの部屋《へや》に落《お》ち着《つ》いて
じっとしていられないことからやってくる。

なにもしないって
むずかしい
なあ…
ウズウズ

忙《いそが》しいのもわるくない！

朝起《あさお》きたら、学校《がっこう》に行《い》かなくてはいけない。家《いえ》に帰《かえ》ったら、宿題《しゅくだい》だってあるのにお手伝《てつだ》いを頼《たの》まれた……。きみはそんな毎日《まいにち》の生活《せいかつ》を、「やることだらけで、もういやだ！」なんて思《おも》ったことはないかな？

でもパスカルせんせいは、それよりもつらいのは、やることがないことだといっているよ。「1つの部屋《へや》に落《お》ち着《つ》いてじっとしていられない」というのは、人間《にんげん》はなにかをやらずにはいられない生《い》きものだという意味《いみ》。つまり、「ずっとなにもすることがなかったら、人《ひと》はとてもつらくなってしまう」ということなんだ。

「やることだらけでたいへん！」――そんなときは、ちょっと手《て》を止《と》めて深呼吸《しんこきゅう》してみよう。そして、パスカルせんせいのこのことばを思《おも》い出《だ》してみよう。「もういやだ！」と思《おも》っていた宿題《しゅくだい》やお手伝《てつだ》いにだって、きっと新《あたら》しい気《き》もちで向《む》き合《あ》えるよ。やることが多《おお》いのは、とても充実《じゅうじつ》しているってことなんだ。

すぐに落《お》ち込《こ》んでしまう…

少《すこ》しのことで
落《お》ち込《こ》む人《ひと》は、
少《すこ》しのことで
立《た》ち直《なお》れる人《ひと》。
自分《じぶん》の気分《きぶん》を重《おも》く
考《かんが》えないようにしよう。

些細《ささい》なことに苦《くる》しめられるからこそ、
われわれは些細《ささい》なことに慰《なぐさ》められる。

落《お》としちゃったけど…
アリさん
喜《よろこ》んでいる
みたい

気分《きぶん》にふりまわされないで！

遊《あそ》びに行《い》こうと思《おも》ったら、突然雨《とつぜんあめ》が降《ふ》ってきた……。そんな小《ちい》さなきっかけで、なんだか落《お》ち込《こ》んでしまうことってあるよね。

パスカルせんせいも、人《ひと》の気分《きぶん》は小《ちい》さなことで落《お》ち込《こ》むものだといっているよ。でも、気分《きぶん》というのは、小《ちい》さなことで立《た》ち直《なお》るものでもあるともいっているんだ。

たとえば夜《よる》は雨《あめ》だったのに、朝起《あさお》きたら晴《は》れていた。そんなとき、きみはどんな気分《きぶん》になるかな？　きっとそれだけでうれしい気分《きぶん》になるんじゃないかな。気分《きぶん》というのは空《そら》に浮《う》かぶ雲《くも》みたいなもの。すぐに変化《へんか》するし、消《き》えたりあらわれたりする。だから、自分《じぶん》の気分《きぶん》というものを、あまり重《おも》く考《かんが》えすぎないほうがいいんだ。

自分《じぶん》の気分《きぶん》にこだわりすぎないで、まわりに目《め》を向《む》けてごらん。そして、もし元気《げんき》がなさそうな人《ひと》がいたら、ちょっと声《こえ》をかけてみよう。きみの一言《ひとこと》で、明《あか》るい気分《きぶん》になるかもしれないよ。

まわりはつまらない人《ひと》ばかり…

他人《たにん》を
つまらないと思《おも》うのは、
自分《じぶん》が１番《ばん》
つまらない人《ひと》だから。

精神《せいしん》が豊《ゆた》かになればなるほど、
独創的《どくそうてき》な人間《にんげん》がたくさんいることが分《わ》かる。

ちぇっ
みんな
つまらない
やつらだなあ

こころが豊《ゆた》かなら 他人《たにん》のよさがわかる！

きみの友《とも》だちには、いろいろなタイプの人《ひと》がいるよね。リーダー的《てき》な存在《そんざい》の人《ひと》、勉強《べんきょう》が得意《とくい》な人《ひと》、考《かんが》え方《かた》や服装《ふくそう》が個性的《こせいてき》な人《ひと》、少《すこ》し地味《じみ》な人《ひと》……。でも、きみがもつそのイメージは、友《とも》だちのほんとうの姿《すがた》なのかな。

きみは地味《じみ》な友《とも》だちのことを、「つまらない人《ひと》」だと思《おも》っていないかな？　少《すこ》しきびしいけれど、それは、きみのこころが未熟《みじゅく》で狭《せま》いから、そう思《おも》うのかもしれない。パスカルせんせいは、「こころが広《ひろ》く豊《ゆた》かになるほど、ほかの人《ひと》の魅力《みりょく》もよくわかる」といっているよ。地《じ》味《み》で目立《めだ》たない人《ひと》も、じつはすごい特技《とくぎ》があるかもしれないし、ユニークなアイデアをもっているかもしれない。ただ、きみが気《き》づいていないだけかもしれないよ。

相手《あいて》のことを決《き》めつけなければ、その人《ひと》のよさに、もっと気《き》づくことができるよ。友《とも》だちのよいところに気《き》づけるきみは、きっとまわりの人《ひと》から見《み》ると、とても魅《み》力的《りょくてき》な人《ひと》に見《み》えるはずだよ。

もっと知《し》りたい!!

科学者《かがくしゃ》パスカルの発明《はつめい》・発見《はっけん》

親孝行《おやこうこう》がしたかった パスカルの計算機《けいさんき》

パスカルの父親《ちちおや》は、税金《ぜいきん》に関《かん》する仕事《しごと》をしていた役人《やくにん》だったよ。だから、たくさんの計算《けいさん》をしなくてはならず、とても苦労《くろう》していたんだ。そこでパスカルは父親《ちちおや》に楽《らく》をさせてあげようとして、1642年《ねん》、19歳《さい》のときにローラーと歯車《はぐるま》で動《うご》く機械式計算機《きかいしきけいさんき》をつくったよ。これは「パスカリーヌ」と名《な》づけられた。パスカリーヌは現在残《げんざいのこ》っている計算機《けいさんき》のなかでもっとも古《ふる》いんだ。

ただ、この計算機《けいさんき》は足《た》し算《ざん》と引《ひ》き算《ざん》しかできなかったよ。それに使《つか》い方《かた》がとてもむずかしいという欠点《けってん》もあった。その後《ご》、パスカルは販売《はんばい》しようとして50台《だい》ほどの機械式計算機《きかいしきけいさんき》をつくっているけれど、あまり売《う》れず、広《ひろ》まらなかったんだ。

あっ こわれた？
お父《とう》さん だいじょうぶだよ
まだたくさん余《あま》っているよ

毎日使《まいにちつか》われている パスカルの名前《なまえ》

天気予報《てんきよほう》で、「台風《たいふう》の中心気圧《ちゅうしんきあつ》は950ヘクトパスカル」なんていっているのを、聞《き》いたことはないかな。このヘクトパスカルは、大気圧《たいきあつ》（空気《くうき》の圧力《あつりょく》）の単位《たんい》で、記《き》号《ごう》では「hPa」って書《か》くんだ。

じつはこの単位《たんい》、パスカルにちなんだもの。パスカルは、圧力《あつりょく》の伝《つた》わり方《かた》の法則《ほうそく》として有名《ゆうめい》な「パスカルの原理《げんり》」を発見《はっけん》しているため、圧力《あつりょく》の単位《たんい》は、パスカルの名前《なまえ》をとって「パスカル（記号《きごう》ではPa）」っていうよ。1ヘクトパスカル（1hPa）は、100パスカル（100Pa）にあたるんだ。

パスカルが亡《な》くなってから350年以上《ねんいじょう》経《た》っているけど、現代《げんだい》の天気予報《てんきよほう》で自分《じぶん》の名前《なまえ》が毎日使《まいにちつか》われているのを知《し》ったら、どんな気《き》がするだろうね。

納得《なっとく》して行動《こうどう》するには？

自分《じぶん》の納得《なっとく》
他人《たにん》の意見《いけん》
その両方《りょうほう》がだいじ。

私《わたし》たちはふつう、他人《たにん》が思《おも》いついた理由《りゆう》より、自分自身《じぶんじしん》で見出《みいだ》した理由《りゆう》によって納得《なっとく》する。

世界一周《せかいいっしゅう》は時間《じかん》がかかるよ
う～ん たしかにそうかも
でもぼくは行《い》く！

他人《たにん》の意見《いけん》も聞《き》いてみよう！

なにか新《あたら》しいことをはじめるとき、「これでいい！」と思《おも》えるかどうかはだいじなこと。納得《なっとく》していないことをやろうとしても、やる気《き》は出《で》ないからね。パスカルせんせいは、「人《ひと》は自分《じぶん》で理由《りゆう》を見《み》つけられたときにはじめて、納得《なっとく》できる」といっているよ。

でも、自分《じぶん》で見《み》つけた理由《りゆう》には注意《ちゅうい》が必要《ひつよう》だよ。人《ひと》は、ものごとのマイナスの面《めん》を無視《むし》して、自分《じぶん》を納得《なっとく》させてしまうことだってある。たとえば、仲《なか》のよい友《とも》だちに習《なら》いごとに誘《さそ》われた。自分《じぶん》には無理《むり》そうだけど、誘《さそ》われたからという理由《りゆう》で自分《じぶん》を納得《なっとく》させて、それをはじめてしまう。それではうまくいかないよね。

だから、新《あたら》しいことをはじめるときは、自分《じぶん》で見《み》つけた理由《りゆう》だけではなくて、ほかの人《ひと》からの意見《いけん》も聞《き》いて、よく考《かんが》えてから行動《こうどう》しよう。マイナスの面《めん》とプラスの面《めん》をよく考《かんが》えて、もう一度《いちど》「納得《なっとく》」してから、後《あと》で後悔《こうかい》することも少《すく》なくできるんだ。

後悔《こうかい》ばかり・先《さき》が気《き》になる…

過去《かこ》や未来《みらい》の
ことばかり
考《かんが》えていると、
「いま」
やるべきことが
できないよ。

われわれはほとんど
現在《げんざい》のことを考《かんが》えない。

「いま」こそベストを尽《つ》くそう！

人間《にんげん》について、するどい指摘《してき》をするパスカルせんせいは、こんなこともいっているよ。「人間《にんげん》は、ほとんど現《げん》在《ざい》のことを考《かんが》えない」、これってほんとうかな？

　ふだんの自分《じぶん》のこころのなかを思《おも》い浮《う》かべてほしい。過去《かこ》の失敗《しっぱい》にこだわっていたり、未来《みらい》のことを思《おも》い描《えが》いていたりする時間《じかん》がけっこう多《おお》いんじゃないかな。パスカルせんせいは、それではたいせつな「いま」やるべきことができなくなると注意《ちゅうい》しているんだ。たとえば、テストの直前《ちょくぜん》だから、勉強《べんきょう》しなきゃいけない。それなのに過去《かこ》のミスや、つぎのテストでよい点数《てんすう》をとっている姿《すがた》を思《おも》い浮《う》かべてばかりいたらどうだろう。1番《ばん》だいじな、「いま」勉強《べんきょう》する時間《じかん》がなくなってしまうよね。

　どんなに考《かんが》えても、過去《かこ》のことは変《か》わらないし、未来《みらい》がどうなるかはだれにもわからない。たいせつなのは、いま目《め》の前《まえ》にあることにベストを尽《つ》くして取《と》り組《く》むことだよ。その積《つ》み重《かさ》ねがきみの将来《しょうらい》を切《き》りひらくんだ。

困難《こんなん》にどう向《む》き合《あ》えばいいの？

考《かんが》えなければ
ならないものほど、
つい遠《とお》ざけてしまうよ。
「ないことにしたい」
気《き》もちに注意《ちゅうい》。

私《わたし》たちは、目《め》の前《まえ》に何《なに》か目隠《めかく》しを置《お》いて、断崖《だんがい》が見《み》えないようにしてから、平気《へいき》でそこに駆《か》け込《こ》んでいく。

冬《ふゆ》に備《そな》えて たくわえるぞ
ぼくも やらなきゃ
でも めんどくさいから いいか

問題《もんだい》から逃《に》げないで！

「いま考《かんが》えなければいけないこと、やらなければいけないことから、つい目《め》をそらしてしまう」なんてこと、きみにはないかな？

パスカルせんせいは、目《め》の前《まえ》の問題《もんだい》から逃《に》げてしまう人《ひと》のことを、まるで目隠《めかく》しを置《お》いた崖《がけ》に向《む》かって進《すす》んでいるようなものだといっているよ。それは、行《い》く先《さき》に危《き》険《けん》が待《ま》ち受《う》けているとわかっているのに、知《し》らないふりをしているということ。

たとえば、友《とも》だちから借《か》りた本《ほん》を破《やぶ》ってしまったとき、きみはどうする？　勇気《ゆうき》を出《だ》してあやまれば、許《ゆる》してくれるかもしれないし、やっぱり、怒《おこ》られるかもしれない。でも、そのまま本《ほん》を閉《と》じて返《かえ》したら、友《とも》だちが破《やぶ》れていることに気《き》づいたとき、とても怒《おこ》られるはず。

少《すこ》しの安心《あんしん》のために問題《もんだい》の解決《かいけつ》を後回《あとまわ》しにしても、きみのためにはならないよ。勇気《ゆうき》をもって、いま問題《もんだい》に向《む》き合《あ》ったほうが、後《あと》で安心《あんしん》できるんだ。

成長《せいちょう》のヒントって?

「みじめな気分《きぶん》」それは理想《りそう》を捨《す》てていない証拠《しょうこ》だよ。

……自分《じぶん》がみじめだと思《おも》うのはみじめなことだが、自分《じぶん》がみじめだと自覚《じかく》するのは偉大《いだい》なことだ。

弱《よわ》さを知《し》ることが、成長《せいちょう》への第一歩《だいいっぽ》！

　失敗《しっぱい》したときは、つい自分《じぶん》のことを「みじめだなあ」なんて思《おも》ってしまうよね。でもそんなきみのことを、パスカルせんせいは「偉大《いだい》だ」といっているよ。みじめだと思《おも》っているのに、どうして偉大《いだい》なんだろう。

　自分《じぶん》の弱《よわ》いところや足《た》りないところを克服《こくふく》したいなら、それを自覚《じかく》しなければならないよ。でないと、克服《こくふく》するための努力《どりょく》もできないからね。そう考《かんが》えれば、自分《じぶん》がみじめだと自覚《じかく》することは、じつは成長《せいちょう》のスタート地《ち》点《てん》なんだ。パスカルせんせいは、いまきみがそこに立《た》っているってことを指摘《してき》しているよ。意味《いみ》がわかると、みじめで落《お》ち込《こ》んだ気《き》もちのなかに、ひとすじの光《ひかり》が差《さ》し込《こ》んでくるようなことばだね。

　「自分《じぶん》はみじめだ」と思《おも》っただけで終《お》わってしまったら、とてももったいないよ。それをきっかけに自分《じぶん》の弱《よわ》さや足《た》りないところに気《き》づいて、成長《せいちょう》するチャンスに変《か》えるんだ！

人間《にんげん》の価値《かち》って？

人間《にんげん》は弱《よわ》くて
ちっぽけな生《い》きもの。
考《かんが》える力《ちから》が
あるからこそ、
人間《にんげん》には価値《かち》がある。

人間《にんげん》は一本《いっぽん》の葦《あし》にすぎない。自然《しぜん》のうちで最《もっと》も弱《よわ》いもの、しかしそれは考《かんが》える葦《あし》だ。

考《かんが》えることは人間《にんげん》であること！

　このことばは、パスカルせんせいのことばのなかで1番有名《ばんゆうめい》なものだよ。パスカルせんせいは、人間《にんげん》とはなにかを考《かんが》え続《つづ》けた。そして、人間《にんげん》の特長《とくちょう》を1本《ぽん》の葦《あし》という植物《しょくぶつ》にたとえて説明《せつめい》しているんだ。

　葦《あし》は、水辺《みずべ》にまとまって生《は》える植物《しょくぶつ》。その1本《ぽん》ずつは細長《ほそなが》く、とても弱《よわ》いよ。人間《にんげん》も1人《ひとり》ひとりは、ほかの動《どう》物《ぶつ》とくらべると、するどい牙《きば》や爪《つめ》もなく、とても弱《よわ》い生《い》きもの。でも、人間《にんげん》はほかの生《い》きものとちがって、「自《じ》分《ぶん》は弱《よわ》くちっぽけだ」ということをちゃんと知《し》っているよ。そして「考《かんが》える」という、ほかの生《い》きものにはない能力《のうりょく》があるんだ。だから人間《にんげん》は、宇宙《うちゅう》のようにとてつもなく大《おお》きなことを考《かんが》えることもできる。また自分《じぶん》を見《み》つめて精神的《せいしんてき》に成長《せいちょう》していくこともできる。つまり「考《かんが》える」という能力《のうりょく》には、とても大《おお》きな価値《かち》があるんだ。

　もちろんきみにも、この「考《かんが》える」力《ちから》があるよ。きみも「考《かんが》える葦《あし》」なんだ！

もっと教《おし》えて!! パスカルせんせい

パスカルせんせいが『パンセ』で教《おし》えてくれるのは、深《ふか》く考《かんが》えることのたいせつさ。考《かんが》え抜《ぬ》かれたそのことばには、するどい指摘《してき》がたくさんあるんだ。パスカルせんせいから、人間《にんげん》のことや生活《せいかつ》の役《やく》に立《た》つことをもっと教《おし》えてもらおう！

よいことをしたい！

自分《じぶん》が思《おも》う「よいこと」が、相手《あいて》の「よいこと」とはかぎらない。注意《ちゅうい》が必要《ひつよう》だよ。

人間《にんげん》は天使《てんし》でも獣《けもの》でもない。そして不幸《ふこう》なことに、天使《てんし》になろうとすると、獣《けもの》になってしまう。

人《ひと》を説得《せっとく》するには？

相手《あいて》の考《かんが》えをきちんと知《し》ってこそ相手《あいて》を正《ただ》しく導《みちび》けるよ。

実《みの》りある注意《ちゅうい》を与《あた》え、相手《あいて》が間違《まちが》っていることを示《しめ》すには、相手《あいて》がどの側面《そくめん》から事柄《ことがら》を見《み》ているかを観察《かんさつ》しなければならない。

すぐ信《しん》じてしまう…

だます気《き》はなくても、人《ひと》はほんとうのことを話《はな》すとはかぎらない。それを知《し》っておくこともだいじだよ。

人《ひと》が自分《じぶん》の利益《りえき》にかかわらないことを言《い》うからといって、無条件《むじょうけん》に嘘《うそ》をついていないと結論《けつろん》してはならない。じっさい、たんに嘘《うそ》をつくために嘘《うそ》をつく人間《にんげん》がいるではないか。

小《ちい》さなことが気《き》になる…

どうでもいいことほど人《ひと》は気《き》にしやすい。だいじなことほど人《ひと》は見落《みお》としやすいよ。

人間《にんげん》は小事《しょうじ》に敏感《びんかん》、大事《だいじ》に鈍感《どんかん》だ。奇怪《きかい》な転倒《てんとう》のしるし。

計画通《けいかくどお》りに進《すす》めたい！

冷静《れいせい》さと自由《じゆう》さ。ものごとを進《すす》めるためには両方《りょうほう》のバランスがたいせつ。

二《ふた》つの行《い》き過《す》ぎ
理性《りせい》を排除《はいじょ》すること、
理性《りせい》しか認《みと》めないこと。

新《あたら》しい環境《かんきょう》になれるには？

自分《じぶん》もまわりもすべては変《か》わっていく。過去《かこ》にこだわりすぎてはいけないよ。

自分《じぶん》の所有《しょゆう》しているものはすべて移《うつ》ろっていく。

＊この本《ほん》で紹介《しょうかい》している訳文《やくぶん》は、『パンセ（全《ぜん》3冊《さつ》）』（パスカル、塩川徹也《しおかわてつや》訳《やく》、岩波文庫《いわなみぶんこ》）を参照《さんしょう》しました。

第《だい》2部《ぶ》

幸福論《こうふくろん》

アラン

幸《しあわ》せってなんだろう？

19世紀《せいき》から20世紀《せいき》はじめ、
2つの世界大戦《せかいたいせん》のあいだに
アランは『幸福論《こうふくろん》』で、
どうすれば人《ひと》は幸《しあわ》せになれるかを語《かた》ったよ。
ふだんの生活《せいかつ》のなかで生《い》かせるその教《おし》えは、
たくさんの人《ひと》のこころを明《あか》るくしたんだ。
きみもアランせんせいから、
幸《しあわ》せになる考《かんが》え方《かた》を教《おし》えてもらおう！

『幸福論《こうふくろん》』ってどんな本《ほん》？

哲学《てつがく》の本《ほん》だけど詩《し》のように表現《ひょうげん》されているよ

『幸福論《こうふくろん》』が出版《しゅっぱん》されたのは、いまから90年《ねん》ぐらい前《まえ》の1925年《ねん》。フランスで出版《しゅっぱん》された本《ほん》で、作者《さくしゃ》は哲学者《てつがくしゃ》のアランだよ。

『幸福論《こうふくろん》』は、幸《しあわ》せになるためのヒントが書《か》かれた哲学《てつがく》の本《ほん》。ふつうは哲学《てつがく》の本《ほん》というと、とてもむずかしく書《か》かれていることが多《おお》いよ。でも『幸福論《こうふくろん》』は、詩《し》のような、選《えら》びぬかれた美《うつく》しい表現《ひょうげん》で書《か》かれているんだ。だから、幸《しあわ》せについてのアランの考《かんが》え方《かた》が、読《よ》む人《ひと》のこころにすっと入《はい》ってくるよ。

「私《わたし》の判断《はんだん》では、世界中《せかいじゅう》でもっとも美《うつく》しい本《ほん》の1つである」——アランの教《おし》え子《ご》だったアンドレ・モーロワという小説家《しょうせつか》は、『幸福《こうふく》論《ろん》』についてそういっているよ。

『幸福論《こうふくろん》』って寒《さむ》い日《ひ》にのむ
あったかいのみものみたいね

新聞《しんぶん》の読者《どくしゃ》へ向《む》けて書《か》かれたから短《みじか》く、わかりやすいんだ

『幸福論《こうふくろん》』は、新聞《しんぶん》に発表《はっぴょう》されたアランの文章《ぶんしょう》のなかで、幸《しあわ》せをテーマにしたものを集《あつ》めたものだよ。全部《ぜんぶ》で93の文章《ぶんしょう》がおさめられているけれど、どれも短《みじか》い文章《ぶんしょう》なんだ。

もともと、新聞《しんぶん》を読《よ》むふつうの人々《ひとびと》に向《む》けて書《か》いたものだから、わかりやすいよ。「幼《おさ》な子《ご》が泣《な》いてどうにも泣《な》きやまない時《とき》……」のような書《か》き出《だ》しで、人々《ひとびと》が身近《みぢか》に感《かん》じられることから話《はなし》を進《すす》めていくことが多《おお》いんだ。だけど、内容《ないよう》はむずかしい哲学書《てつがくしょ》に負《ま》けないくらい深《ふか》いよ。

幸《しあわ》せについてやさしく書《か》かれた哲学書《てつがくしょ》として、『幸福論《こうふくろん》』は、これまでたくさんの人《ひと》に読《よ》まれてきたんだ。

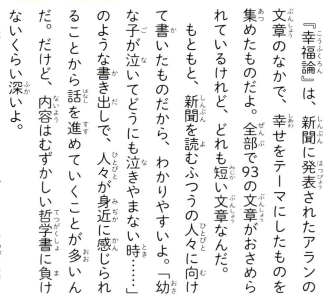

『アラン』ってどんな人《ひと》？

アランはアランじゃない？ ペンネームを使《つか》う哲学者《てつがくしゃ》

アランは1868年《ねん》にフランスのノルマンディー地方《ちほう》で生《う》まれ、1951年《ねん》に83歳《さい》で亡《な》くなっている。アランはペンネームで、本《ほん》名《みょう》はエミール・シャルティエというんだ。

父親《ちちおや》は獣医《じゅうい》だったけれど、とても読書《どくしょ》が好《す》きで、自分《じぶん》の経験《けいけん》をもとにして、自分《じぶん》で考《かんが》えることをだいじにする性格《せいかく》だったよ。哲学《てつがく》という学問《がくもん》の特徴《とくちょう》は、どんなことでも、もう一《いち》度《ど》最初《さいしょ》から考《かんが》え直《なお》そうとすること。アランが哲学者《てつがくしゃ》になったのも、その父親《ちちおや》の性格《せいかく》を受《う》けついでいるからかもしれないよ。

日本《にほん》の高校《こうこう》にあたるリセ（高等中学《こうとうちゅうがく》）で哲《てつ》学《がく》に興味《きょうみ》をもったアランは、大学《だいがく》の教員《きょういん》を養《よう》成《せい》する高等師範学校《こうとうしはんがっこう》で哲学《てつがく》を学《まな》んだよ。

アランせんせいの
お話《はなし》は
わかりやすいわ

地位《ちい》や名誉《めいよ》を求《もと》めず生涯《しょうがい》、高校《こうこう》の教師《きょうし》で通《とお》したんだ

アランは、高等師範学校《こうとうしはんがっこう》を卒業《そつぎょう》すると40年《ねん》あまりにわたって、いくつかの高校《こうこう》で教師《きょうし》を務《つと》め、哲学《てつがく》を教《おし》えたよ。その実力《じつりょく》から、大学《だいがく》で教《おし》えないかと誘《さそ》われたこともあったんだ。けれどもアランは、大学教授《だいがくきょうじゅ》になって地位《ちい》や名誉《めいよ》を手《て》に入《い》れるよりも、高校生《こうこうせい》たちに教《おし》えることを選《えら》んだよ。高校《こうこう》の生徒《せいと》でないのに、わざわざアランの授業《じゅぎょう》を聞《き》きに来《く》る人《ひと》も少《すく》なくなかったんだ。

授業《じゅぎょう》でアランは、黒板《こくばん》や鉛筆《えんぴつ》、ガス灯《とう》のような、目《め》に見《み》える具体的《ぐたいてき》なものを例《れい》にとりながら話《はなし》をはじめ、そこから偉大《いだい》な哲学者《てつがくしゃ》の理《り》論《ろん》をわかりやすく説明《せつめい》したんだ。日常生活《にちじょうせいかつ》のなかで、1人《ひとり》ひとりが実際《じっさい》に感《かん》じていることから話《はなし》をはじめるというのは、『幸福論《こうふくろん》』の書《か》き方《かた》に通《つう》じているね。

『アラン』が生《い》きた時代《じだい》

2つの世界大戦《せかいたいせん》が起《お》きた時代《じだい》、アランも兵士《へいし》になったよ

アランが生《い》きていた1868年《ねん》から1951年《ねん》は、世界《せかい》の歴史《れきし》のなかでも、はげしくゆれ動《うご》いた時代《じだい》だよ。そのあいだには、1914年《ねん》からはじまった第一次世界大戦《だいいちじせかいたいせん》と、1939年《ねん》からはじまった第二次世界大戦《だいにじせかいたいせん》という、2つの大《おお》きな戦争《せんそう》が起《お》きているんだ。

第一次世界大戦《だいいちじせかいたいせん》のとき、アランはもう46歳《さい》で戦争《せんそう》に行《い》く義務《ぎむ》はなかったよ。しかも、もともとアランは戦争《せんそう》に反対《はんたい》していた。でも、自分《じぶん》が反対《はんたい》している戦争《せんそう》というものの現実《げんじつ》を知《し》らなければならないと考《かんが》えて、兵士《へいし》となり戦場《せんじょう》に行《い》ったんだ。戦場《せんじょう》でも時間《じかん》さえあれば、アランは戦争《せんそう》や人間《にんげん》について、自分《じぶん》の考《かんが》えを書《か》きとめていたよ。

社会《しゃかい》は豊《ゆた》かになったけれど不公平《ふこうへい》も大《おお》きくなったんだ

19世紀《せいき》の後半《こうはん》、フランスでは工業《こうぎょう》が発展《はってん》して国《くに》が豊《ゆた》かになり、世界各地《せかいかくち》にもっていた植《しょく》民地《みんち》からも大《おお》きな利益《りえき》を得《え》ていたよ。でも、国内《こくない》ではお金《かね》のある人々《ひとびと》と貧《まず》しい人々《ひとびと》の差《さ》がどんどん大《おお》きくなり、不公平《ふこうへい》な状態《じょうたい》になっていた。そのため、社会《しゃかい》を変《か》えようとする人《ひと》も多《おお》くなっていたんだ。

そんな時代《じだい》を生《い》きたアランは、社会《しゃかい》の出来《でき》事《ごと》にも関心《かんしん》が深《ふか》かったよ。たとえば無実《むじつ》の軍《ぐん》人《じん》が逮捕《たいほ》されたことをきっかけに起《お》きたドレフュス事件《じけん》では、公正《こうせい》な裁判《さいばん》を求《もと》める文章《ぶんしょう》を書《か》いているんだ。アランは考《かんが》えるだけの哲学《てつがく》者《しゃ》でなく、現実《げんじつ》の社会《しゃかい》にある不正義《ふせいぎ》には黙《だま》っていない人《ひと》だったんだね。

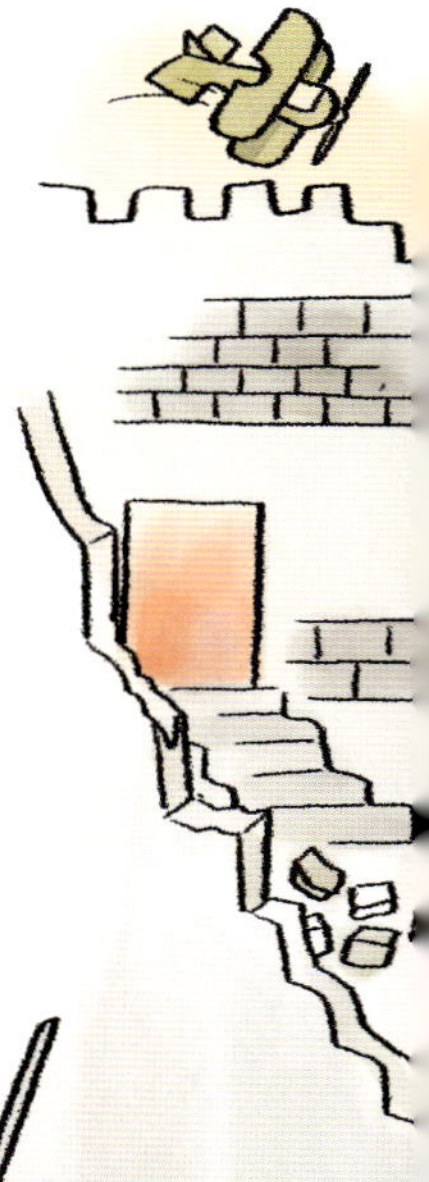

わたしは戦争《せんそう》の現実《げんじつ》が知《し》りたいのです
せんせい！無理《むり》すんなよー！

つぎのページからことばの紹介《しょうかい》がはじまるよ。

なかなか幸《しあわ》せになれない…

待《ま》っていれば幸《しあわ》せがやってくる。その考《かんが》え方《かた》が、不幸《ふこう》のもと。

不幸《ふこう》になるのは、また不満《ふまん》を抱《いだ》くのは
やさしいことだ。
ただじっと座《すわ》っていればいいのだ、……

幸《しあわ》せになるには努力《どりょく》が必要《ひつよう》！

人《ひと》は、どうしたら幸《しあわ》せになれるんだろう？　幸《しあわ》せについて考《かんが》えたアランせんせいは、このことばで、きみにそのヒントを教《おし》えてくれるよ。

アランせんせいによれば、幸《しあわ》せになるには、「幸《しあわ》せになりたいなぁ」って期待《きたい》しているだけではダメなんだって。それでは不幸《ふこう》になってしまうともいっているよ。

テレビをずっと見《み》ていると、最初《さいしょ》はたのしくても、そのうちあきてしまうよね。ほかの人《ひと》が自分《じぶん》をたのしませてくれるのを待《ま》っているだけでは、やがて退屈《たいくつ》してしまう。そして「なぜもっとたのしませてくれないんだ」と不満《ふまん》をもつようになってしまうんだ。逆《ぎゃく》に、自分《じぶん》で立《た》てた目標《もくひょう》に向《む》かって、夢中《むちゅう》でがんばっているときはどうだろう。退屈《たいくつ》するひまなんてないよね。

幸《しあわ》せになるか、不幸《ふこう》になるかのわかれ道《みち》は、自分自身《じぶんじしん》のなかにある。自分《じぶん》からすすんで努力《どりょく》しているとき、きみは幸《しあわ》せを感《かん》じることができるんだ。

どうすれば幸《しあわ》せになれる?

幸《しあわ》せになるには、強《つよ》い決意《けつい》がたいせつだよ。

最初《さいしょ》はどんなにおかしな考《かんが》えに見《み》えようとも、幸福《こうふく》になることを誓《ちか》わねばならない。

最初《さいしょ》にやるべきこと、それは決意《けつい》！

幸《しあわ》せになるためには、努力《どりょく》が必要《ひつよう》だというアランせんせい。でも、なにからはじめればいいんだろう？

アランせんせいは、きみが幸《しあわ》せになるために最初《さいしょ》にやるべきこと、それは「絶対幸《ぜったいしあわ》せになるんだ」と自分自身《じぶんじしん》に誓《ちか》うことだといっているよ。わざわざ誓《ちか》うだなんて、なんだか大《おお》げさだと思《おも》うかもしれないね。でも、幸《しあわ》せになるというのは、とてもむずかしいことなんだ。強《つよ》く決意《けつい》しなければ、けっして達成《たっせい》することはできないよ。

旅行《りょこう》に行《い》こうと思《おも》ったら、まず最初《さいしょ》に行《い》き先《さき》を決《き》めるよね。目的地《もくてきち》を決《き》めてはじめて、自分《じぶん》が目指《めざ》す方向《ほうこう》へ迷《まよ》わずに進《すす》むことができるんだ。同《おな》じように、幸《しあわ》せになりたければ、目的地《もくてきち》を「幸《しあわ》せ」に決《き》めることがたいせつだよ。そうすれば、ちがう道《みち》へ曲《ま》がりそうになっても、自《じ》分《ぶん》で修正《しゅうせい》していくことができるからね。

「幸《しあわ》せになるんだ」と自分自身《じぶんじしん》に誓《ちか》うことが、幸《しあわ》せになるための第一歩《だいいっぽ》。しっかりと胸《むね》に刻《きざ》んでおこう！

明《あか》るく考《かんが》える人《ひと》・暗《くら》く考《かんが》える人《ひと》のちがいって？

気《き》分《ぶん》にまかせていると
落《お》ち込《こ》みやすい。
明《あか》るく生《い》きるには、
意《い》志《し》が必《ひつ》要《よう》。

悲観主義《ペシミスム》は気分《きぶん》によるものであり、
楽観主義《オプティミスム》は意志《いし》によるものである。

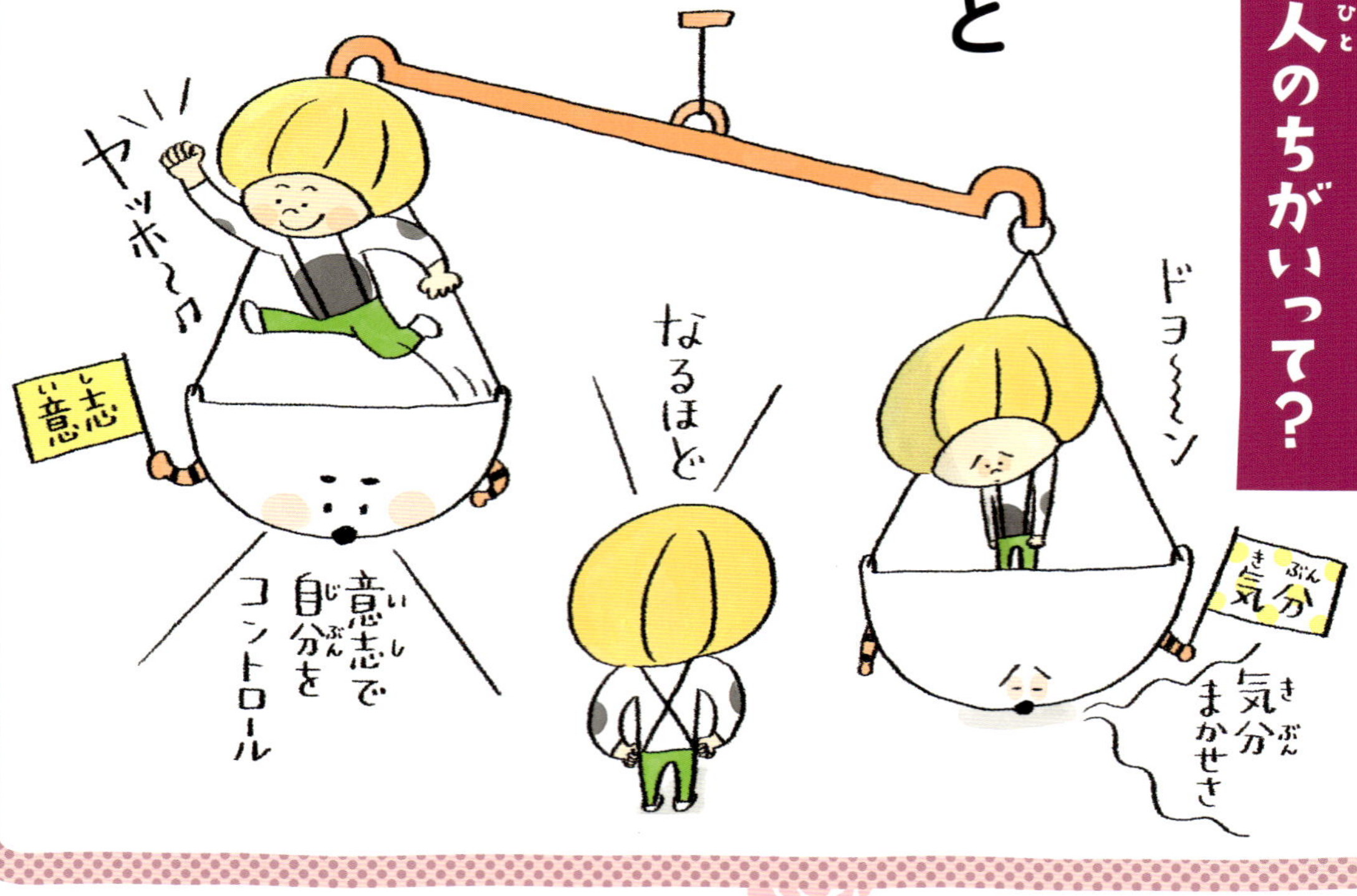

意志《いし》で自分《じぶん》をコントロール！

人《ひと》には、すぐによくないことを想像《そうぞう》する悲観的《ひかんてき》なタイプと、なんとかできると考《かんが》える楽観的《らっかんてき》なタイプの人《ひと》がいる。そのちがいはどこから生《う》まれるんだろう？

アランせんせいは、ちがいはそこに意志《いし》があるかどうかで決《き》まるといっているよ。人《ひと》は感情《かんじょう》にまかせていると、自然《しぜん》と悲観的《ひかんてき》な考《かんが》え方《かた》をしてしまうことが多《おお》いんだ。つい自分《じぶん》で心配《しんぱい》ごとをつくってしまった経験《けいけん》が、きみにもあるんじゃないかな。いっぽう、人《ひと》は目標《もくひょう》のために計画的《けいかくてき》に行動《こうどう》しているときは、なんとかできるという気《き》になるよ。つまり、自分《じぶん》をコントロールしようとする意志《いし》があるとき、人《ひと》は楽観的《らっかんてき》になれるんだ。

目《め》の前《まえ》の出来事《できごと》や将来《しょうらい》のことについて、どんなイメージをもてるかは、きみが幸《しあわ》せになるためのだいじなポイントだよ。ふっとよくないイメージが浮《う》かんだときは、ぼんやり考《かんが》えていても落《お》ち込《こ》むだけ。目的《もくてき》をもった行動《こうどう》をして、楽観的《らっかんてき》な自分《じぶん》になってみよう！

いつも不満《ふまん》ばかり…

目《め》の前《まえ》の出来事《できごと》に よい・わるいはない。それは自分《じぶん》で決《き》めているだけ。

どうせ言《い》うのなら、「ああ！　結構《けっこう》なおしめりだ！」
と、なぜ言《い》わないのか。

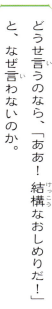

見方《みかた》を少《すこ》し変《か》えてみよう！

出《で》かけようとしたら、突然《とつぜん》の雨《あめ》……。そんなことがあると、少《すこ》しいやな気《き》もちになるよね。「ついてないな」とも思《おも》うんじゃないかな。でも、アランせんせいは、そんなときは少《すこ》し見方《みかた》を変《か》えて、「雨《あめ》かぁ、それもたのしいかも」といってみることをすすめているよ。

もしかしたらきみは、「そんなことといっても、なにも変《か》わらないよ」って思《おも》うかもしれないね。たしかに、雨《あめ》が降《ふ》っているという事実《じじつ》は変《か》わらない。でもちょっと見《み》方《かた》を変《か》えるだけで、変《か》わるものだってあるんだ。「雨《あめ》もたのしいかも」といったとたん、不思議《ふしぎ》なことに、きみのこころのなかにあった不満《ふまん》やいやな気《き》もちは、前《まえ》より小《ちい》さくなっているはず。そして雨《あめ》にぬれた草木《くさき》の葉《は》をきれいだと思《おも》える、こころの余裕《よゆう》だって生《う》まれるんだ。

雨《あめ》のような、どうにもならないことで不満《ふまん》をもっても仕方《しかた》がない。見方《みかた》や考《かんが》え方《かた》をちょっと変《か》えるだけで、どうにもならないことだって、たのしめるようになるよ。

不機嫌《ふきげん》の原因《げんいん》はなんだろう？

不機嫌《ふきげん》の原因《げんいん》は意外《いがい》とシンプル。自分《じぶん》でむずかしくしないようにしよう。

人《ひと》がいらだったり不機嫌《ふきげん》だったりするのは、よく長時《ちょうじ》間《かん》立《た》たされていたせいによることがある。そんな不機《ふき》嫌《げん》にはつきあわないで、椅子《いす》を出《だ》してやりたまえ。

まずからだを落《お》ち着《つ》かせよう！

きみには、なんとなく機嫌《きげん》のわるい状態《じょうたい》が続《つづ》くことってないかな？　親《おや》にしかられた、友《とも》だちにからかわれた……。そんなときは、機嫌《きげん》がわるくなった理由《りゆう》が頭《あたま》につぎつぎと浮《う》かんでくるよね。

　このことばでアランせんせいは、そんな状態《じょうたい》を解決《かいけつ》するヒントを教《おし》えてくれているよ。「椅子《いす》を出《だ》す」というのは、まず椅子《いす》に腰《こし》かけて、からだを落《お》ち着《つ》かせようという提案《ていあん》だよ。ちょっと意外《いがい》な方法《ほうほう》だし、もしかしたらきみは、「そんなことで気分《きぶん》は変《か》わらない」なんて思《おも》うかもしれないね。でも、機嫌《きげん》のわるい原因《げんいん》は、ほんとうに、しかられたことや、からかわれたことかな。不機嫌《ふきげん》な理由《りゆう》は、後《あと》からいくらでも思《おも》いつくもの。じつはただ、少《すこ》し疲《つか》れているだけなのかもしれないよ。

　頭《あたま》であれこれ考《かんが》えるよりも、まずからだを休《やす》めたほうがいいときもある。少《すこ》し休《やす》んで、椅子《いす》から立《た》ち上《あ》がったとき、きみの不機嫌《ふきげん》はどこかへ消《き》えているはずだよ！

もっと知《し》りたい!!

わが道《みち》を行《い》くアラン

プロポ(断章《だんしょう》)という短《みじか》い文章《ぶんしょう》への熱《あつ》い思《おも》い

『幸福論《こうふくろん》』のフランス語《ご》の題名《だいめい》は、そのまま日《に》本語《ほんご》に訳《やく》すと「幸福《こうふく》についてのプロポ」となるよ。「プロポ」というのは断章《だんしょう》、つまり短《みじか》い文章《ぶんしょう》という意味《いみ》。じつはアランが書《か》いたプロポは幸福《こうふく》についてだけではないんだ。「宗教《しゅうきょう》についてのプロポ」、「経済《けいざい》についてのプロポ」、「文学《ぶんがく》についてのプロポ」などたくさんあるんだよ。

プロポという、便箋《びんせん》2枚《まい》ほどの短《みじか》い文章《ぶんしょう》の形《かたち》で自分《じぶん》の考《かんが》えを表現《ひょうげん》することに、アランはたいへんな情熱《じょうねつ》をもっていたよ。アランが書《か》いたプロポの多《おお》くは、新聞《しんぶん》などに掲載《けいさい》されたもの。アランは、哲学者《てつがくしゃ》としての深《ふか》い考《かんが》えを、短《みじか》い文章《ぶんしょう》にこめて、ふつうの読者《どくしゃ》に伝《つた》えたかったんだね。

77歳《さい》ではじめて結婚《けっこん》！ 相手《あいて》はどんな人《ひと》だったの？

アランはずっと長《なが》いあいだ、独身《どくしん》だったよ。でも77歳《さい》のときにはじめて結婚《けっこん》したんだ。その歳《とし》ではじめて結婚《けっこん》する人《ひと》というのは、あまりいないよね。それまでどうして結婚《けっこん》しなかったのか、アランはあまり自分《じぶん》自身《じしん》のことについて語《かた》らない人《ひと》だったから、その理由《りゆう》はよくわからないんだ。

この結婚《けっこん》の相手《あいて》は、ずっと以前《いぜん》に恋人関係《こいびとかんけい》にあったけれど、別《わか》れてしまった女性《じょせい》。アランは青年時代《せいねんじだい》に、このガブリエル・ランドルミーという女性《じょせい》を愛《あい》し、多《おお》くの詩《し》をささげているよ。そして77歳《さい》のときに彼女《かのじょ》と偶然《ぐうぜん》に再会《さいかい》したことがきっかけで、結婚《けっこん》したんだ。別《わか》れた恋人《こいびと》への思《おも》いをずっと持ち続《つづ》けていたのかもしれないね。結婚《けっこん》から6年後《ねんご》にアランは亡《な》くなっているよ。

不安《ふあん》から抜《ぬ》け出《だ》すには？

人《ひと》のからだは、こころとつながっている。からだを動《うご》かせばこころも変《か》わるよ。

われわれが情念《じょうねん》から解放《かいほう》されるのは思考《しこう》のはたらきによってではない。むしろからだの運動《うんどう》がわれわれを解放《かいほう》するのだ。

からだを動《うご》かせば、こころも変《か》わる！

自分《じぶん》のこころは自分《じぶん》のもの。だけど、なかなか思《おも》い通《どお》りにならないものでもあるよ。とくに、だいじな試験《しけん》なんかが近《ちか》づいてくると、不安《ふあん》から抜《ぬ》け出《だ》せないような気《き》がするときがあるよね。でも、アランせんせいによれば、じょうずに抜《ぬ》け出《だ》すやり方《かた》があるみたいだよ。

それは、からだを使《つか》ってこころを変《か》えること。からだとこころは、深《ふか》くつながっている。だから、からだを動《うご》かせば、こころもそれに影響《えいきょう》されるんだ。不安《ふあん》なときは、呼吸《こきゅう》が浅《あさ》くなってしまうもの。だったら、息《いき》を大《おお》きく吸《す》いながら肩《かた》を上《あ》げて、吐《は》きながら下《おろ》してみよう。それを数回《すうかい》くり返《かえ》すだけで、気分《きぶん》は変《か》わるはずだよ。この方法《ほうほう》は、怒《いか》りや緊張《きんちょう》にもよくきくよ。

こころを自分《じぶん》でコントロールできないときは、あせらないで、からだに注意《ちゅうい》を向《む》けてみよう。からだをちょっと動《うご》かしてみるだけで、きみは自分自身《じぶんじしん》を取《と》り戻《もど》すことができるんだ。

友《とも》だちが落《お》ち込《こ》んでいる…

一緒《いっしょ》に泣《な》くよりも
自分《じぶん》は元気《げんき》で
いることが、
相手《あいて》にとって
1番《ばん》のくすり。

実際《じっさい》、彼《かれ》をあわれみすぎてはならない。

自分《じぶん》は明《あか》るく元気《げんき》にふるまおう！

もし仲《なか》のよい友《とも》だちに悲《かな》しい出来事《できごと》があったら、きみはどうするかな？　自分《じぶん》も一緒《いっしょ》に悲《かな》しんだり、はげましたりするかもしれないね。でもアランせんせいによれば、もっといい方法《ほうほう》があるらしいよ。

相手《あいて》の気《き》もちによりそうことはだいじなこと。それが悲《かな》しんでいる人《ひと》だったら、とくにそうだよね。でも、アランせんせいは、そんなときこそ、きみはいつものように明《あか》るく元気《げんき》にふるまったほうがいいといっているよ。

その理由《りゆう》は逆《ぎゃく》の立場《たちば》になってみればわかる。自分《じぶん》のことでだいじな友《とも》だちが悲《かな》しんでいると思《おも》ったら、どう感《かん》じるかな？　きっと、心配《しんぱい》をかけないように無理《むり》に元気《げんき》なふりをするよね。はげまされてもやっぱり同《おな》じだよね。

友《とも》だちが悲《かな》しんでいたら、相手《あいて》の気《き》もちを想像《そうぞう》しながらそれをおもてに出《だ》さずに、きみの明《あか》るい表情《ひょうじょう》を見《み》せてあげよう。そのほうが、友《とも》だちも悲《かな》しみから抜《ぬ》け出《だ》す力《ちから》がわいてくるはずだよ。

幸《しあわ》せを長続《ながつづ》きさせるには？

もらった幸《しあわ》せは
その場《ば》かぎり。
自分《じぶん》でつくった
幸《しあわ》せは長《なが》もちする。

……自分《じぶん》でつくる幸福《こうふく》というのは
けっしてだまさない。

自分自身《じぶんじしん》の努力《どりょく》で手《て》に入《い》れよう！

幸《しあわ》せは自分《じぶん》でつくるもの。これが、アランせんせいの考《かんが》え方《かた》。でもきみは、もしなにもしないで幸《しあわ》せになれたら、やっぱり得《とく》だと思《おも》うかもしれないね。そんなきみには、このことばを知《し》っておいてほしい。

自分《じぶん》でつくった幸《しあわ》せと、他人《たにん》から与《あた》えられた幸《しあわ》せ。どちらも同《おな》じ幸《しあわ》せであるように思《おも》える。でも、大《おお》きなちがいがあるよ。他人《たにん》から与《あた》えられた幸《しあわ》せはすぐに消《き》えてしまう。でも自分《じぶん》でつくった幸《しあわ》せは、長続《ながつづ》きするんだ。

きみが自分《じぶん》に誓《ちか》い、行動《こうどう》して、手《て》にした幸《しあわ》せには、それまでの努力《どりょく》の跡《あと》が残《のこ》っているよ。そこには、きみが自《じ》分《ぶん》でつかんだ、「幸《しあわ》せになるための秘密《ひみつ》の方法《ほうほう》」がかくれている。だから、もし消《き》えてしまっても、つぎの幸《しあわ》せを自分《じぶん》でつくりだすことができるんだ。

努力《どりょく》しておぼえた自転車《じてんしゃ》の乗《の》り方《かた》は、一生《いっしょう》きみの役《やく》に立《た》つ。同《おな》じように、幸《しあわ》せになるための方法《ほうほう》を自分《じぶん》でつかんだら、それは必《かなら》ず、きみを助《たす》けてくれるんだ。

もっと幸《しあわ》せになるには？

自分《じぶん》の幸《しあわ》せは、
他人《たにん》の幸《しあわ》せにつながる。
幸《しあわ》せになった他人《たにん》は、
自分《じぶん》をもっと
幸《しあわ》せにしてくれるよ。

幸福《こうふく》になることはまた、
他人《たにん》に対《たい》する義務《ぎむ》でもあるのだ。

自分《じぶん》からまわりに幸《しあわ》せを広《ひろ》げよう！

きみが幸《しあわ》せなら、それはしぐさや表情《ひょうじょう》にあらわれる。そんなきみを見《み》たら、ほかの人《ひと》も、きっと幸《しあわ》せな気《き》もちになるよ。逆《ぎゃく》に、きみが不機嫌《ふきげん》そうなしぐさや表情《ひょうじょう》をしていたらどうだろう。それを見《み》た人《ひと》は、不機嫌《ふきげん》になってしまうんじゃないかな。

気分《きぶん》は、こんなふうに人《ひと》から人《ひと》に伝《つた》わるもの。だから幸《しあわ》せは自分《じぶん》だけではなくて、まわりの人々《ひとびと》にも広《ひろ》がっていくものだと、アランせんせいは考《かんが》えていたよ。自分《じぶん》の笑顔《えがお》がだれかをうれしくすると、その人《ひと》も笑顔《えがお》になる。その笑顔《えがお》がまた、ほかのだれかを笑顔《えがお》にする。そう考《かんが》えると、自分《じぶん》の幸《しあわ》せはまわりの人《ひと》の幸《しあわ》せ、そしてさらに多《おお》くの人々《ひとびと》の幸《しあわ》せにつながっているんだ。自分《じぶん》の幸《しあわ》せは人《ひと》から人《ひと》に伝《つた》わり、いずれ戻《もど》ってくるかもしれないよ。

幸《しあわ》せになるのは、まず自分《じぶん》のため。そしてみんなのためでもある。だから人《ひと》は幸《しあわ》せでなければならないよ。きみが選《えら》ぶべき道《みち》も、やっぱり幸《しあわ》せになることなんだ。

いつも笑顔《えがお》でいたい！

幸《しあわ》せになることに
理由《りゆう》なんていらない。
赤《あか》ちゃんは、
理由《りゆう》がなくたって、
笑《わら》っているよ。

しあわせだから笑《わら》っているのではない。
むしろぼくは、笑《わら》うからしあわせなのだ、
と言《い》いたい。

ねぇねぇ
なんで
笑《わら》ってるの？
きみも
笑《わら》ってごらん
ごきげんに
なるよ

人間《にんげん》には幸《しあわ》せになる力《ちから》がある！

「人《ひと》は幸《しあわ》せでなければならない」――そんなことをいわれても、とくにうれしい出来事《できごと》もないのに幸《しあわ》せになんてなれない。きみはそう思《おも》うかもしれないね。でもアランせんせいによれば、人《ひと》はなにもなくても幸《しあわ》せになれるみたいだよ。しかも、その方法《ほうほう》は、赤《あか》ちゃんを見《み》ればわかるんだって。

それは、こういう意味《いみ》だよ。赤《あか》ちゃんは、自分《じぶん》が幸《しあわ》せかどうかなんて、考《かんが》えていない。でも、とてもうれしそうに笑《わら》うよね。その笑顔《えがお》を見《み》たわたしたちも、とても幸《しあわ》せな気《き》もちになれるよ。アランせんせいは、人間《にんげん》はもともと幸《しあわ》せになる力《ちから》を秘《ひ》めている。そして笑《わら》うことが、その力《ちから》を呼《よ》び起《お》こすといっているんだ。

人《ひと》は幸《しあわ》せだから笑《わら》うのではなくて、笑《わら》うから幸《しあわ》せになる。赤《あか》ちゃんは、なにもいわないけれど、ただ笑《わら》うことで、それを教《おし》えてくれているよ。幸《しあわ》せになるのに理由《りゆう》はいらない。さあ、きみも笑《わら》ってみよう。

もっと教《おし》えて!! アランせんせい

アランせんせいが『幸福論《こうふくろん》』で教《おし》えてくれるのは、幸《しあわ》せになるにはどう考《かんが》えたらよいか。『幸福論《こうふくろん》』にあることばのなかには、ふだんの生活《せいかつ》にも生《い》かせるものがたくさんあるよ。アランせんせいから、幸《しあわ》せに生《い》きるヒントをもっと教《おし》えてもらおう！

幸《しあわ》せはどこにあるの？

幸《しあわ》せをイメージできるのは、もうこころのなかに幸《しあわ》せがちゃんとあるってこと。

期待《きたい》を抱《いだ》くこと、それはつまり幸福《こうふく》であるということなのだ。

心配《しんぱい》ばかりしている…

起《お》こってもいないことを心配《しんぱい》しても意味《いみ》がない。自分《じぶん》で不安《ふあん》をつくってふりまわされちゃいけないよ。

われわれの敵《てき》はいつも想像上《そうぞうじょう》のものなのだ。なぜなら、想像上《そうぞうじょう》のものにはとらえどころが何《なに》もないから。

やる気《き》を出《だ》すには？

どんなことでも「やらされている」と思《おも》うとやる気《き》が出《で》ない。「自分《じぶん》でやっている」と思《おも》うとやる気《き》が出《で》るよ。

仕事《しごと》というのはすべて、自分《じぶん》が支配者《しはいしゃ》であるかぎりはおもしろいが、支配《しはい》されるようになると、おもしろくない。

情報《じょうほう》がないと不安《ふあん》…

情報《じょうほう》はたいせつ。だけど、必要《ひつよう》な情報《じょうほう》を選《えら》ぶことはもっとたいせつだよ。

臆病《おくびょう》な人間《にんげん》は人中《じんちゅう》で、なんでも聞《き》きとり、なんでも心《こころ》にとどめ、なんでも意味《いみ》づけようとする。……賢者《けんじゃ》はさまざまなしるしや話《はなし》を刈《か》り込《こ》む。

友《とも》だちをつくるには？

友《とも》だちをつくるコツ、それは自分《じぶん》からほほ笑《え》みかけること。

もし君《きみ》の方《ほう》からほほ笑《え》まないとしたら、君《きみ》はほんとうのばか者《もの》となる。

幸《しあわ》せの探《さが》し方《かた》って？

幸《しあわ》せというのは外《そと》の世界《せかい》ではなく自分《じぶん》のこころのなかに探《さが》すものだよ。

幸福《こうふく》を世界《せかい》の中《なか》に、自分自身《じぶんじしん》の外《そと》に求《もと》めるかぎり、何《なに》ひとつ幸福《こうふく》の姿《すがた》をとっているものはないだろう。

*この本《ほん》で紹介《しょうかい》している訳文《やくぶん》は、『アラン　幸福論《こうふくろん》』（神谷《かみや》幹夫《みきお》訳《やく》、岩波文庫《いわなみぶんこ》）を参照《さんしょう》しました。

- イラスト　ふわこういちろう／林ユミ
- 企画・編集　株式会社日本図書センター
- 制作　株式会社アズワン
- 参考文献　『パンセ〔全３冊〕』（パスカル、塩川徹也訳、岩波文庫）／『NHK「100分de名著」ブックス　パスカル　パンセ』（鹿島茂、NHK出版）／『アラン　幸福論』（神谷幹夫訳、岩波文庫）／『幸福論』（アラン、白井健三郎・集英社文庫）／『NHK「100分de名著」ブックス　アラン　幸福論』（合田正人、NHK出版）

NDC159
あの古典のことばがよくわかる！
超訳！　こども名著塾
③ パンセ
　幸福論
日本図書センター
2018年　72P　22.2 × 18.2cm

あの古典《こてん》のことばがよくわかる！

超訳《ちょうやく》！　こども名著塾《めいちょじゅく》

③パンセ－人間《にんげん》ってなんだろう？
幸福論《こうふくろん》－幸《しあわ》せってなんだろう？

2018年９月25日　初版第１刷発行

編　集	「超訳！　こども名著塾」編集委員会
発行者	高野総太
発行所	株式会社 日本図書センター
	〒112-0012　東京都文京区大塚3-8-2
	電話　営業部 03-3947-9387
	出版部 03-3945-6448
	http://www.nihontosho.co.jp
印刷・製本	図書印刷 株式会社

ISBN978-4-284-20418-7（第３巻）